Romiosini

Romiosini
Yiannis Ritsos

Smokestack Books
PO Box 408, Middlesbrough TS5 6WA
e-mail: info@smokestack-books.co.uk
www.smokestack-books.co.uk

Romiosini

Copyright the estate of Yiannis Ritsos, all rights reserved.

Many thanks to Eri Ritsou for permission to publish this translation of her father's work.

This translation copyright Bill Berg.

First published by Pyxida, Athens 1954.

ISBN 9780992740900

Smokestack Books is represented by Inpress Ltd

Introduction

Beyond question the most prolific poet of modern Greece, Yiannis Ritsos saved a special focus of energy for *Romiosini*. Capable of composing a fistful of poems in a single day, Ritsos dwelt upon this one epic for two years, as he himself attests under the final verse: 'Athens 1945-47'.

Those years, the era of internecine struggle known as the Greek Civil War, were hard ones for Ritsos as he saw his communist-led political party, the EAM (National Liberation Front), the strongest popular movement in Greece during and after the Nazi occupation, overwhelmed by reactionary forces both foreign and domestic. The poem itself couldn't be published until Ritsos was released from the island prisons where he had been detained for circulating poetry supportive of the DSE (Democratic Army of Greece), the partisan successor to EAM's military wing, ELAS (Greek People's Liberation Army). It wasn't the first time Ritsos' writings had brought him into confrontation with political authority – his epic *Epitaphios* had been publicly burned by the Metaxas dictatorship in 1938 – nor was it the last: in 1967, the military junta that had just seized power sent him once more into island exile.

In 1954, two years after his first return from exile, *Romiosini* finally appeared in a collection of his work entitled *Agrypnia* ('Vigilance'). Since then, the poem has gone through several editions; sections of it have been translated into a number of languages including Spanish, French, German, English and Russian, and the entire poem has appeared in a Portuguese and an English translation before this one.

Romiosini is a poem of war, like the *Iliad*, and like Homer's epic, it serves as a theater for the display of extraordinary virtues under extraordinary circumstances. Fresh in Ritsos' mind, of course, is his recent experience in the resistance movement against Nazism and, after the war, against all anti-democratic authority. Yet he avoids naming a specific locale for the struggle he portrays. Instead, his stage is populated by the defenders of an anonymous besieged and burnt-out coastal village that could have been any of those destroyed in German reprisals, or in paramilitary attacks on ELAS partisans after the war.

Ritsos, however, insists that we see this village in an historical context harking back to the Revolution *par excellence* that had cast off the Ottoman yoke. Canto III is full of allusions to the Greek places that had once kindled revolutionary fervor, either through acts of courage or through heroic sacrifices that became shining examples of *romiosini* during the early years of the nineteenth century. Skiathos, where the first revolutionaries met and devised the flag of Greek independence in 1807; Patras, 'the High Threshing Floor' where war was first declared on the Turks in 1821; Missolonghi, twice besieged by the Turks and finally evacuated under extreme duress; Souli, where the women threw themselves, singing and dancing, off a cliff rather than yield their freedom to the Turkish pasha; Lagkadia, a town that had produced whole families of heroes and martyrs for the Revolution – Ritsos alludes to all of these in Canto III, insisting that the partisan struggles of his modern epic are inspired and inflamed by the very same *romiosini*.

The first and second Cantos prepare us for this insight, presenting first of all the barren, sun-bleached landscape of desperation that surrounds the nameless village: *their fields consumed by heat, their houses soaked with brine... All those years besieged from land and sea*, the villagers somehow find the energy and determination to fight back, to make their rifles the natural extensions of their wasted limbs – *romiosini*, already, in full force.

Canto II introduces us to the venerable mystery of the revolutionary woman, of female *romiosini*, and does so through a series of allegorical images that Ritsos pulls up mostly from the classical past. All the women of Canto II, however, are reflections of the Greek Mother – or better, of Mother Greece – so the first image is that of the *Panagia*, the all-holy virgin mother of God, the primary object of worship throughout modern Greece. Just as Theophilos, the greatest Greek painter of the twentieth century, had portrayed the earth-goddess Demeter as a simple peasant girl carrying her scythe and a sheaf of grain, so Ritsos brings us the Panagia lying in a field of myrtle, her worker's skirt stained with the grape-harvest. Later, from more ancient times, we have a flash of Leda (*Come, lady, you who sit on the golden eggs of the thunderbolt!*), impregnated by a swan (Zeus) with the egg of destiny, and of Niobe, bereft of her seven sons by the arrows of Apollo (*How long yet will the mother torment her heart over her seven slaughtered heroes?*). And there's Persephone as well, daughter of the earth-goddess, distributing her pomegranate seeds *for you alone to share, seed by seed, with your twelve orphans*.

Canto II offers other archetypes indispensable to the meaning of the entire poem. In the first place, the landscape is firmly identified as Greek with the mention of Nauplia (captured from the Turks in 1822), the first capital of free Greece. Just as important is the mention, a few lines later, of Digenis Akritas, the medieval embodiment of *romiosini*, who, like the partisans of the poem, had his own duel with Death.

Having prepared us in Cantos I-III for the scenes of struggle and joy, of carnage and desperation that follow in Cantos IV-VI, with the dream of triumphal homecoming confronting the grim reality late in Canto VII, the poet is finally left to his own resources, left alone on his balcony to take tearful courage from the elements themselves, inanimate beings whose permanence seems to hold a reliable promise, and to remind him of the unswerving devotion of comrades.

That faith, too, is *romiosini*. Ritsos won't let us overlook the fruits of *romiosini* – the joy taken, for example, in the meager produce of the land in Canto VII, the joy shared by brothers-in-arms as they eat, dance, and carouse together in Canto IV, the joy of communal festivity and the taverna in Canto II. Those joys, along with sorrows, struggles, and devotion, are all facets of *romiosini* – the burdens and the rewards of being a true Greek.

Bill Berg
Gearhart, Oregon, 2014

I

Αὐτὰ τὰ δέντρα δὲ βολεύονται μὲ λιγότερο οὐρανό,
αὐτὲς οἱ πέτρες δὲ βολεύονται κάτου ἀπ' τὰ ξένα βήματα,
αὐτὰ τὰ πρόσωπα δὲ βολεύονται παρὰ μόνο στὸν ἥλιο,
αὐτὲς οἱ καρδιὲς δὲ βολεύονται παρὰ μόνο στὸ δίκιο.

Ἐτοῦτο τὸ τοπίο εἶναι σκληρὸ σὰν τὴ σιωπή,
σφίγγει στὸν κόρφο του τὰ πυρωμένα του λιθάρια,
σφίγγει στὸ φῶς τὶς ὀρφανὲς ἐλιές του καὶ τ' ἀμπέλια του,
σφίγγει τὰ δόντια. Δὲν ὑπάρχει νερό. Μονάχα φῶς.
Ὁ δρόμος χάνεται στὸ φῶς κι ὁ ἴσκιος τῆς μάντρας εἶναι σίδερο.

Μαρμάρωσαν τὰ δέντρα, τὰ ποτάμια κ' οἱ φωνὲς μὲς στὸν
    ἀσβέστη τοῦ ἥλιου.
Ἡ ρίζα σκοντάφτει στὸ μάρμαρο. Τὰ σκονισμένα σκοίνα.
Τὸ μουλάρι κι ὁ βράχος. Λαχανιάζουν. Δὲν ὑπάρχει νερό.
Ὅλοι διψᾶνε. Χρόνια τώρα. Ὅλοι μασᾶνε μία μπουκιὰ οὐρανὸ
    πάνου ἀπ' τὴν πίκρα τους.

Τὰ μάτια τους εἶναι κόκκινα ἀπ' τὴν ἀγρύπνια,
μία βαθειὰ χαρακιὰ σφηνωμένη ἀνάμεσα στὰ φρύδια τους
σὰν ἕνα κυπαρίσσι ἀνάμεσα σὲ δυὸ βουνὰ τὸ λιόγερμα.

Τὸ χέρι τους εἶναι κολλημένο στὸ ντουφέκι
τὸ ντουφέκι εἶναι συνέχεια τοῦ χεριοῦ τους
τὸ χέρι τους εἶναι συνέχεια τῆς ψυχῆς τους –
ἔχουν στὰ χείλια τους ἀπάνου τὸ θυμὸ
κ' ἔχουνε τὸν καημὸ βαθιὰ-βαθιὰ στὰ μάτια τους
σὰν ἕνα ἀστέρι σὲ μία γοῦβα ἁλάτι.

Ὅταν σφίγγουν τὸ χέρι, ὁ ἥλιος εἶναι βέβαιος γιὰ τὸν κόσμο
ὅταν χαμογελᾶνε, ἕνα μικρὸ χελιδόνι φεύγει μὲς ἀπ' τ' ἄγρια
    γένεια τους
ὅταν κοιμοῦνται, δώδεκα ἄστρα πέφτουν ἀπ' τὶς ἄδειες τσέπες
    τους
ὅταν σκοτώνονται, ἡ ζωὴ τραβάει τὴν ἀνηφόρα μὲ σημαῖες καὶ
    μὲ ταμποῦρλα.

These trees don't take well to a narrower sky,
these stones don't take well to strangers' feet,
these faces don't take well to anything but the sun,
these hearts don't take well to anything but the just.

The landscape you see is as hard as the silence,
it clutches to the breast its sun-cracked rocks,
it presses to the light its orphaned olives and its grapes,
it clenches its teeth. There's no water. Just light.
The road is lost in light and the fence casts an iron shadow.

Trees, rivers, voices have turned to marble in the whitewash of the sun.
The root stumbles against marble. The dust-covered mastic shrubs.
The mule, the crag. Gasping for breath. There's no water.
Everyone thirsty. Years now. Everyone chewing a mouthful of sky on top of their bitterness.

Their eyes are red from sleeplessness,
a deep furrow wedged between their brows
like a cypress between two hills at sunset.

The hand is glued to the rifle.
The rifle is the extension of the hand.
Their hand is the extension of their soul –
They have rage hovering high on their lips
and sadness in the depths of their eyes
glimmering like a star in a pocket of salt.

When they clench their fist, the sun shines sure for all.
When they smile, a little swallow flies out from their savage beards.
When they sleep, twelve stars fall from their empty pockets.
When they are killed, life drives the upward march with flags and drums.

Τόσα χρόνια ὅλοι πεινᾶνε, ὅλοι διψᾶνε, ὅλοι σκοτώνονται
πολιορκημένοι ἀπὸ στεριὰ καὶ θάλασσα,
ἔφαγε ἡ κάψα τὰ χωράφια τους κ' ἡ ἁρμύρα πότισε τὰ σπίτια
    τους
ὁ ἀγέρας ἔριξε τὶς πόρτες τους καὶ τὶς λίγες πασχαλιὲς τῆς
    πλατείας
ἀπὸ τὶς τρῦπες τοῦ πανωφοριοῦ τους μπαινοβγαίνει ὁ θάνατος
ἡ γλῶσσα τους εἶναι στυφὴ σὰν τὸ κυπαρισσόμηλο
πέθαναν τὰ σκυλιά τους τυλιγμένα στὸν ἴσκιο τους
ἡ βροχὴ χτυπάει στὰ κόκκαλά τους.

Πάνου στὰ καραούλια πετρωμένοι καπνίζουν τὴ σβουνιὰ καὶ τὴ
    νύχτα
βιγλίζοντας τὸ μανιασμένο πέλαγο ὅπου βούλιαξε
τὸ σπασμένο κατάρτι τοῦ φεγγαριοῦ.

Το ψωμὶ σώθηκε, τὰ βόλια σώθηκαν,
γεμίζουν τώρα τὰ κανόνια τους μόνο μὲ τὴν καρδιά τους.

Τόσα χρόνια πολιορκημένοι ἀπὸ στεριὰ καὶ θάλασσα
ὅλοι πεινᾶνε, ὅλοι σκοτώνονται καὶ κανένας δὲν πέθανε –
πάνου στὰ καραούλια λάμπουνε τὰ μάτια τους,

μία μεγάλη σημαία, μία μεγάλη φωτιὰ κατακόκκινη
καὶ κάθε αὐγὴ χιλιάδες περιστέρια φεύγουν ἀπ' τὰ χέρια τους
γιὰ τὶς τέσσερις πόρτες τοῦ ὁρίζοντα.

All those years of hunger for all, of thirst for all, of death for all,
besieged from land and sea,
their fields consumed by heat, their houses soaked with brine,
the wind has toppled their doors and the few lilacs of the square.
Death comes and goes through holes in their overcoat.
Their tongue as acrid as the cypress-nut.
Their dogs, coiling under their shadows, dead;
rain beats down on their bones.

Turned to stone in the upper fastnesses, they smoke dung and
    the night
keeping watch over the raving sea where it's sunk
the broken mast of the moon.

Bread gone, bullets gone,
this time they load their guns only with their hearts.

All those years besieged from land and sea,
all hungry, all killed and no one dead,
their eyes are shining in the upper fastnesses.

A big banner, a big, deep red flame,
and with every dawn a thousand doves fly out from their hands
bound for the horizon's four gates.

II

Κάθε πού βραδιάζει μὲ τὸ θυμάρι τσουρουφλισμένο στὸν κόρφο
    τῆς πέτρας
εἶναι μία σταγόνα νερὸ ποὺ σκάβει ἀπὸ παλιὰ τὴ σιωπὴ ὡς τὸ
    μεδούλι
εἶναι μία καμπάνα κρεμασμένη στὸ γέρο-πλάτανο ποὺ φωνάζει
    τὰ χρόνια.

Σπίθες λαγοκοιμοῦνται στὴ χόβολη τῆς ἐρημιᾶς
κ' οἱ στέγες συλλογιοῦνται τὸ μαλαματένιο χνούδι στὸ πάνω
    χεῖλι τοῦ Ἀλωνάρη
– κίτρινο χνούδι σὰν τὴ φούντα τοῦ καλαμποκιοῦ καπνισμένο
    ἀπ' τὸν καημὸ τῆς δύσης.

Ἡ Παναγία πλαγιάζει στὶς μυρτιὲς μὲ τὴ φαρδειά της φοῦστα
    λεκιασμένη ἀπ' τὰ σταφύλια.
Στὸ δρόμο κλαίει ἕνα παιδὶ καὶ τοῦ ἀποκρίνεται ἀπ' τὸν κάμπο
    ἡ προβατίνα ποὔχει χάσει τὰ
παιδιά της.

Ἴσκιος στὴ βρύση. Παγωμένο τὸ βαρέλι.
Ἡ κόρη τοῦ πεταλωτῆ μὲ μουσκεμένα πόδια.
Ἀπάνου στὸ τραπέζι τὸ ψωμὶ κ' ἡ ἐλιά,
μὲς στὴν κληματαριὰ ὁ λύχνος τοῦ ἀποσπερίτη
καὶ κεῖ ψηλά, γυρίζοντας στὴ σούβλα του, εὐωδάει ὁ γαλαξίας
καμένο ξύγκι, σκόρδο καὶ πιπέρι.

Ἄ, τί μπρισίμι ἀστέρι ἀκόμα θὰ χρειαστεῖ
γιὰ νὰ κεντήσουν οἱ πευκοβελόνες στὴν καψαλισμένη μάντρα
    τοῦ καλοκαιριοῦ «κι αὐτὸ θὰ περάσει»
πόσο θὰ στίψει ἀκόμα ἡ μάνα τὴν καρδιὰ τῆς πάνου ἀπ' τὰ
    ἑφτὰ σφαγμένα παλληκάρια της
ὥσπου νὰ βρεῖ τὸ φῶς τὸ δρόμο του στὴν ἀνηφόρα τῆς ψυχῆς
    της.

Each time evening falls with the sunburnt thyme in the bosom
 of the rock
there's a droplet of water that has long dug into the silence, even
 to its marrow.
There's a bell hung from the ancient plane tree, calling out the
 years.

Sparks still slumber in the embers of the deserted place
and the roofs ponder the golden fuzz on the upper lip of July
– yellow fuzz like the hair of the maize that's smoked in the
 sorrow of sundown.

The All-holy Virgin lies down in the myrtles, her wide skirt
 stained by the grapes.
On the road a child is crying, and from the plain the ewe, who's
 lost her children, answers.

Shade at the spigot: the barrel ice-cold.
The farrier's daughter: her feet are soaked.
On the table: the bread, the oil.
Inside the arbor: twilight of the evening star,
and up there, turning on their spit, that galaxy of good smells:
roasted suet, garlic, and pepper.

Ah, what stars of silk thread will still be needed
for the pine-needles to embroider *This too shall pass* on
 summer's charred corral?
How long yet will the mother torment her heart over her seven
 slaughtered heroes
before the light finds its way in to lift up her soul?

Τοῦτο τὸ κόκκαλο ποὺ βγαίνει ἀπὸ τὴ γῆς
μετράει ὀργιὰ-ὀργιὰ τὴ γῆς καὶ τὶς κόρδες τοῦ λαγούτου
καὶ τὸ λαγοῦτο ἀποσπερὶς μὲ τὸ βιολὶ ὡς τὸ χάραμα
καημό-καημὸ τὸ λὲν στὰ δυοσμαρίνια καὶ στοὺς πεύκους
καὶ ντιντινίζουν στὰ καράβια τὰ σκοινιὰ σὰν κόρδες
κι ὁ ναύτης πίνει πικροθάλασσα στὴν κοῦπα τοῦ Ὀδυσσέα.

Ἄ, ποιὸς θὰ φράξει τότες τὴ μπασιὰ καὶ ποιὸ σπαθὶ θὰ κόψει τὸ
    κουράγιο
καὶ ποιὸ κλειδὶ θὰ σοῦ κλειδώσει τὴν καρδιὰ ποὺ μὲ τὰ δυὸ
    θυρόφυλλά της διάπλατα
κοιτάει τοῦ Θεοῦ τ' ἀστροπερίχυτα περβόλια;

Ὥρα μεγάλη σὰν τὰ Σαββατόβραδα τοῦ Μάη στὴ ναυτικὴ
    ταβέρνα
νύχτα μεγάλη σὰν ταψὶ στοῦ γανωτζῆ τὸν τοῖχο
μεγάλο τὸ τραγούδι σὰν ψωμὶ στοῦ σφουγγαρᾶ τὸ δεῖπνο.
Καὶ νὰ ποὺ ροβολάει τὰ τρόχαλα τὸ κρητικὸ φεγγάρι
γκάπ, γκάπ, μὲ εἴκοσι ἀράδες προκαδούρα στὰ στιβάλια του,
καὶ νάτοι αὐτοὶ ποὺ ἀνεβοκατεβαίνουνε τὴ σκάλα τοῦ Ἀναπλιοῦ
γεμίζοντας τὴν πίπα τους χοντροκομμένα φύλλα ἀπὸ σκοτάδι,
μὲ τὸ μουστάκι τους θυμάρι ρουμελιώτικο πασπαλισμένο ἀστέρι
καὶ μὲ τὸ δόντι τους πευκόρριζα στοῦ Αἰγαίου τὸ βράχο καὶ τὸ
    ἁλάτι.

Μπῆκαν στὰ σίδερα καὶ στὴ φωτιά, κουβέντιασαν μὲ τὰ λιθάρια,
κεράσανε ρακὶ τὸ θάνατο στὸ καύκαλο τοῦ παππουλῆ τους,
στ' Ἀλώνια τὰ ἴδια ἀντάμωσαν τὸ Διγενῆ καὶ στρώθηκαν στὸ
    δεῖπνο
κόβοντας τὸν καημὸ στὰ δυὸ ἔτσι ποὺ κόβανε στὸ γόνατο τὸ
    κριθαρένιο τους καρβέλι.

Ἔλα κυρὰ μὲ τ' ἀρμυρὰ ματόκλαδα, μὲ φλωροκαπνισμένο χέρι
ἀπὸ τὴν ἔγνοια τοῦ φτωχοῦ κι ἀπ' τὰ πολλὰ τὰ χρόνια –
ἡ ἀγάπη σὲ περμένει μὲς στὰ σκοῖνα,

That bone sticking out of the earth
measures foot by foot the land and the strings of the lute,
and the lute and the violin, from evening 'til dawn,
together tell sorrow on sorrow to rosemary and pine,
and the boat-ropes ring like those strings
and the sailor drinks the bitter brine in Odysseus' cup.

Ah, who then will block your entry, and what sword will cut off your courage,
and what key will lock up your heart that through its two wide-open doors
beholds the star-showered gardens of God?

A great hour like Saturday nights in May at the sailors' tavern.
A great night like the cake-pan at the tinsmith's wall.
A great song like bread at the sponge-fisher's dinner.
And see where the Cretan moon sends the pebbles
crashing and clattering, with twenty rows of hobnails on its boots!
Look at them scrambling up and down the heights of Nauplia
filling their pipes with thick-cut leaves of darkness
sporting a mustache of Rumeliot thyme and stardust
and teeth like pine roots in Aegean boulders and salt.

They went for the barricades and the fire, they held converse with the rocks;
with *raki* in their granddad's skull they toasted death,
met the hero Digenis on his old Threshing Floor, and settled down to dine,
breaking their sadness in two as they broke their barley loaf on the knee.

Come, lady of the salty lashes and gilded bracelets,
come away from the worries of the poor and from all the years –
love awaits you amid the mastic shrubs!

μὲς στὴ σπηλιά του ὁ γλάρος σου κρεμάει τὸ μαῦρο κόνισμά
   σου
κι ὁ πικραμένος ἀχινιός σου ἀσπάζεται τὸ νύχι τοῦ ποδιοῦ σου.

Μέσα στὴ μαύρη ρῶγα τοῦ ἀμπελιοῦ κοχλάζει ὁ μοῦστος κατα-
   κόκκινος,
κοχλάζει τὸ ροδάμι στὸν καμένο πρῖνο,
στὸ χῶμα ἡ ρίζα τοῦ νεκροῦ ζητάει νερὸ γιὰ νὰ τινάξει ἐλάτι
κ' ἡ μάνα κάτου ἀπ' τὴ ρυτίδα της κρατάει γερὰ μαχαῖρι.

Ἔλα κυρὰ ποὺ τὰ χρυσὰ κλωσσᾶς αὐγὰ τοῦ κεραυνοῦ –
πότε μία μέρα θαλασσιὰ θὰ βγάλεις τὸ τσεμπέρι καὶ θὰ πάρεις
   πάλι τ' ἄρματα
νὰ σὲ χτυπήσει κατακούτελα μαγιάτικο χαλάζι
νὰ σπάσει ρόιδι ὁ ἥλιος στὴν ἀλατζαδένια σου ποδιὰ
νὰ τὸν μοιράσεις μόνη σου σπυρί-σπυρὶ στὰ δώδεκα ὀρφανὰ
   σου,
νὰ λάμψει ὁλόγυρα ὁ γιαλὸς ὡς λάμπει ἡ κόψη τοῦ σπαθιοῦ καὶ
   τ' Ἀπριλιοῦ τὸ χιόνι
καὶ νάβγει στὰ χαλίκια ὁ κάβουρας γιὰ νὰ λιαστεῖ καὶ νὰ σταυ-
   ρώσει τὶς δαγκάνες του.

In his cavern your seagull hangs the blackened icon, your
    portrait,
and your grieving sea-urchin kisses your toenail.

Within the black grape on the vine boils the dark red sap.
The berry boils on the burnt ilex.
In the ground, the dead man's root looks for water, that the fir
    may sprout.
And the mother, under all her wrinkles, holds a knife at the
    ready.

Come, lady, you who sit on the golden eggs of the thunderbolt!
On what sea-blue day will you tear off the scarf and once more
    take up arms
to feel the hail of May strike you between the eyes,
to have the sun smash a pomegranate against your denim apron
for you alone to share, seed by seed, with your twelve orphans,
that the sea's edge may shine like the sword's edge shines and the
    April snow shines,
and that the crab may come up onto the pebbles, and sun
    himself, and cross his claws?

III

Δῶ πέρα ὁ οὐρανὸς δὲ λιγοστεύει οὔτε στιγμὴ τὸ λάδι τοῦ
    ματιοῦ μας
δῶ πέρα ὁ ἥλιος παίρνει πάνω του τὸ μισὸ βάρος τῆς πέτρας
    ποὺ σηκώνουμε πάντα στὴ ράχη μας
σπᾶνε τὰ κεραμίδια δίχως ἄχ κάτου ἀπ' τὸ γόνα τοῦ μεσημεριοῦ
οἱ ἄνθρωποι πᾶν μπροστὰ ἀπ' τὸν ἴσκιο τους σὰν τὰ δελφίνια
    μπρὸς ἀπ' τὰ σκιαθίτικα καΐκια
ὕστερα ὁ ἴσκιος τους γίνεται ἕνας ἀϊτὸς ποὺ βάφει τὰ φτερά του
    στὸ λιόγερμα
καὶ πιὸ ὕστερα κουρνιάζει στὸ κεφάλι τους καὶ συλλογιέται τ'
    ἄστρα
ὅταν αὐτοὶ πλαγιάζουνε στὸ λιακωτὸ μὲ τὴ μαύρη σταφίδα.

Δῶ πέρα ἡ κάθε πόρτα ἔχει πελεκημένο ἕνα ὄνομα κάπου ἀπὸ
    τρεῖς χιλιάδες τόσα χρόνια
κάθε λιθάρι ἔχει ζωγραφισμένον ἕναν ἅγιο μ' ἄγρια μάτια καὶ
    μαλλιὰ σκοινένια
κάθε ἄντρας ἔχει στὸ ζερβί του χέρι χαραγμένη βελονιὰ τὴ
    βελονιὰ μία κόκκινη γοργόνα
κάθε κοπέλα ἔχει μία φοῦχτα ἀλατισμένο φῶς κάτου ἀπ' τὴ
    φοῦστα της
καὶ τὰ παιδιὰ ἔχουν πέντε-ἕξι σταυρουλάκια πίκρα πάνου στὴν
    καρδιά τους
σὰν τὰ χνάρια ἀπ' τὸ βῆμα τῶν γλάρων στὴν ἀμμουδιὰ τὸ
    ἀπόγευμα.

Δὲ χρειάζεται νὰ θυμηθεῖς. Τὸ ξέρουμε.
Ὅλα τὰ μονοπάτια βγάζουνε στὰ Ψηλαλώνια. Ο ἀγέρας εἶναι
    ἀψὺς κεῖ πάνου.

On our side, the sky doesn't dim, even for a moment, the sharpness of our eye.
On our side, the sun takes upon itself half the weight of the rock that we forever lift onto our shoulders.
Without a cry, the rooftiles crack over noon's knee.
The people go forward ahead of their shadow, like dolphins ahead of the skiffs of Skiathos.
Later, their shadow turns into an eagle that dips its wings in the sunset.
Later still, it perches on their heads and ponders the stars while the people lie down on a terrace of blackcurrants.

For something like three thousand years each door on our side has had a name carved on it.
On each rock is a painted saint with wild eyes and knotted hair.
Each man has on his left hand a red mermaid, tattooed in careful pricks.
Each girl has a handful of salted light beneath her skirt
and the children have five or six sad little crosses over their hearts
like seagull tracks in the afternoon sand.

No need for you to remember: we know.
All the paths lead to the High Threshing Floor. The air up there is sharp.

Όταν ξεφτάει απόμακρα ή μινωική τοιχογραφία τῆς δύσης
καὶ σβήνει ἡ πυρκαϊὰ στὸν ἀχερῶνα τῆς ἀκρογιαλιᾶς
ἀνηφορίζουν ὡς ἐδῶ οἱ γριὲς ἀπ' τὰ σκαμμένα στὸ βράχο σκαλοπάτια
κάθουνται στὴ Μεγάλη Πέτρα γνέθοντας μὲ τὰ μάτια τὴ θάλασσα
κάθουνται καὶ μετρᾶν τ' ἀστέρια ὡς νὰ μετρᾶνε τὰ προγονικὰ
ἀσημένια τους κουταλοπήρουνα
κι ἀργὰ κατηφορᾶνε νὰ ταΐσουνε τὰ ἐγγόνια τους μὲ τὸ μεσολογγίτικο μπαροῦτι.

Ναί, ἀλήθεια, ὁ Ἑλκόμενος ἔχει δυὸ χέρια τόσο λυπημένα μέσα
στὴ θηλειά τους
ὅμως τὸ φρύδι του σαλεύει σὰν τὸ βράχο ποὺ ὅλο πάει νὰ ξεκολλήσει πάνου ἀπ' τὸ πικρό του μάτι.
Ἀπὸ βαθιὰ ἀνεβαίνει αὐτὸ τὸ κῦμα ποὺ δὲν ξέρει παρακάλια
ἀπὸ ψηλὰ κυλάει αὐτὸς ὁ ἀγέρας μὲ ρετσίνι φλέβα καὶ πλεμόνι
ἀλισφακιά.

Ἄχ, θὰ φυσήξει μία νὰ πάρει σβάρνα τὶς πορτοκαλιές της θύμησης
Ἄχ, θὰ φυσήξει δυὸ νὰ βγάλει σπίθα ἡ σιδερένια πέτρα σὰν
καψοῦλι
Ἄχ, θὰ φυσήξει τρεῖς καὶ θὰ τρελλάνει τὰ ἐλατόδασα στὴ
Λιάκουρα
θὰ δώσει μία μὲ τὴ γροθιά του νὰ τινάξει τὴν τυράγνια στὸν
ἀγέρα
καὶ θὰ τραβήξει τῆς ἀρκούδας νύχτας τὸ χαλκὰ νὰ μᾶς χορέψει
τσάμικο καταμεσὶς στὴν τάπια
καὶ ντέφι τὸ φεγγάρι θὰ χτυπάει ποὺ νὰ γεμίσουν τὰ νησιώτικα
μπαλκόνια
ἀγουροξυπνημένο παιδολόι καὶ σουλιώτισσες μανάδες.

Ἕνας μαντατοφόρος φτάνει ἀπ' τὴ Μεγάλη Λαγκαδιὰ κάθε
πρωινὸ
στὸ πρόσωπό του λάμπει ὁ ἱδρωμένος ἥλιος
κάτου ἀπὸ τὴ μασκάλη του κρατεῖ σφιχτὰ τὴ ρωμιοσύνη
ὅπως κρατάει ὁ ἐργάτης τὴν τραγιάσκα του μέσα στὴν ἐκκλησία.
Ἦρθε ἡ ὥρα, λέει. Νάμαστε ἔτοιμοι.
Κάθε ὥρα εἶναι ἡ δικιά μας ὥρα.

When the Minoan fresco of sunset fades into the distance
and the conflagration in the waterfront barn is put out,
the old women ascend to us up the rock-cut stairway.
They sit on the Great Rock, spinning the sea into threads with their eyes.
They sit and count the stars as if counting their ancestral silverware.
They make a late descent to nourish their grandchildren with Messolonghi gunpowder.

Yes, it's true, both hands of the icon's Captive Jesus are in such pain from his bonds
– yet his brow quivers above his bitter gaze like a boulder about to break loose.
This wave is rising from the depths, and knows no supplication!
This wind is whirling from the heights, with veins of resin and lungs of sage!

Ah! It will blow once to harrow away the orange trees of memory.
Ah! It will blow twice to make the flint spark like a fuse.
Ah! It will blow thrice to derange the fir forests of Liakoura.
One blow of its fist will send tyranny flying into the air
and it will pull the brass ring to start the Night of the Bear, and dance for us, amid the ramparts, the *tsamikos,*
and the moon will beat a tambourine to fill island balconies
with crowds of children half asleep, and the mothers of Souli.

Every morning there arrives a messenger from Great Lagkadia.
The sweated sun shines in his face.
He holds his Greekness tightly under his arm
the way the worker holds his cap in church.
'The hour is here', he says. 'Let's be ready!
'Each hour belongs to us!'

IV

Τράβηξαν ὁλόισια στὴν αὐγὴ μὲ τὴν ἀκαταδεξιὰ τοῦ ἀνθρώπου
    ποὺ πεινάει,
μέσα στ' ἀσάλευτα μάτια τους εἶχε πήξει ἕνα ἄστρο
στὸν ὦμο τους κουβάλαγαν τὸ λαβωμένο καλοκαῖρι.

Ἀπὸ δῶ πέρασε ὁ στρατὸς μὲ τὰ φλάμπουρα κατάσαρκα
μὲ τὸ πεῖσμα δαγκωμένο στὰ δόντια τους σὰν ἄγουρο γκόρτσι
μὲ τὸν ἄμμο τοῦ φεγγαριοῦ μὲς στὶς ἀρβύλες τους
καὶ μὲ τὴν καρβουνόσκονη τῆς νύχτας κολλημένη μέσα στὰ
    ρουθούνια καὶ στ' αὐτιά τους.

Δέντρο τὸ δέντρο, πέτρα-πέτρα πέρασαν τὸν κόσμο,
μ' ἀγκάθια προσκεφάλι πέρασαν τὸν ὕπνο.
Φέρναν τὴ ζωὴ στὰ δυὸ στεγνά τους χέρια σὰν ποτάμι.

Σὲ κάθε βῆμα κέρδιζαν μία ὀργιὰ οὐρανὸ – γιὰ νὰ τὸν δώσουν.
Πάνου στὰ καραούλια πέτρωναν σὰν τὰ καψαλιασμένα δέντρα,
κι ὅταν χορεῦαν στὴν πλατεῖα,
μέσα στὰ σπίτια τρέμαν τὰ ταβάνια καὶ κουδούνιζαν τὰ γυαλικὰ
    στὰ ράφια.

Ἄ, τί τραγούδι τράνταξε τὰ κορφοβούνια –
ἀνάμεσα στὰ γόνατά τους κράταγαν τὸ σκουτέλι τοῦ φεγγαριοῦ
    καὶ δειπνοῦσαν,
καὶ σπάγαν τὸ ἄχ μέσα στὰ φυλλοκάρδια τους
σὰ νάσπαγαν μία ψείρα ἀνάμεσα στὰ δυὸ χοντρά τους νύχια.

Ποιὸς θὰ σοῦ φέρει τώρα τὸ ζεστὸ καρβέλι μὲς στὴ νύχτα νὰ
    ταΐσεις τὰ ὄνειρα;
Ποιὸς θὰ σταθεῖ στὸν ἴσκιο τῆς ἐλιᾶς παρέα μὲ τὸ τζιτζίκι μὴ
    σωπάσει τὸ τζιτζίκι,
τώρα ποὺ ἀσβέστης τοῦ μεσημεριοῦ βάφει τὴ μάντρα ὁλόγυρα
    τοῦ ὁρίζοντα
σβήνοντας τὰ μεγάλα ἀντρίκια ὀνόματά τους;

They pushed on, all together, toward the dawn, with the disdain
    of a hungry person.
In their unflinching eyes a star had formed.
They were bearing the wounded summer on their shoulders.

The troop passed by here with the flags stuck to their bodies,
with hard-bitten obstinacy between their teeth like an unripe
    wild pear,
with sand of the moon in their boots,
and coal-dust of the night stuck in their nostrils and ears.

Tree by tree, rock by rock they passed through the world.
With thorns as a pillow, they passed through sleep.
They carried life in their dry hands like a river.

With each step they gained two yards of sky – to give it back.
Up on the lookouts they grew hard as fire-tempered trees,
and when they danced in the square,
ceilings trembled inside the houses and glassware tinkled on the
    shelves.

Ah, what song shook the summits!
They would hold the moonlit pot between their knees, and dine,
and suppress the complaint in their heart of hearts
as if squeezing a louse between thick fingernails.

Who now will bring you at night that warm loaf of bread to feed
    your dreams?
Who will keep company with the cicada in the olive's shade, and
    not let the cicada be silent –
now that the whitewash of noon coats the horizon's entire corral,
wiping out their grand heroic names?

Τὸ χῶμα τοῦτο ποὺ μοσκοβολοῦσε τὰ χαράματα
τὸ χῶμα ποὺ εἴτανε δικό τους καὶ δικό μας – αἷμα τους – πῶς
    μύριζε τὸ χῶμα –
καὶ τώρα πῶς κλειδώσανε τὴν πόρτα τους τ' ἀμπέλια μας
πῶς λίγνεψε τὸ φῶς στὶς στέγες καὶ στὰ δέντρα
ποιὸς νὰ τὸ πεῖ πῶς βρίσκονται οἱ μισοὶ κάτου ἀπ' τὸ χῶμα
κ' οἱ ἄλλοι μισοὶ στὰ σίδερα;

Μὲ τόσα φύλλα νὰ σοῦ γνέφει ὁ ἥλιος καλημέρα
μὲ τόσα φλάμπουρα νὰ λάμπει ὁ οὐρανὸς
καὶ τοῦτοι μὲς στὰ σίδερα καὶ κεῖνοι μὲς στὸ χῶμα.

Σώπα, ὅπου νἄναι θὰ σημάνουν οἱ καμπάνες.
Αὐτὸ τὸ χῶμα εἶναι δικό τους καὶ δικό μας.
Κάτου ἀπ' τὸ χῶμα, μὲς στὰ σταυρωμένα χέρια τους
κρατᾶνε τῆς καμπάνας τὸ σκοινὶ - περμένουνε τὴν ὥρα, δὲν
    κοιμοῦνται,
περμένουν νὰ σημάνουν τὴν ἀνάσταση. Τοῦτο τὸ χῶμα
εἶναι δικό τους καὶ δικό μας - δὲ μπορεῖ κανεὶς νὰ μᾶς τὸ πάρει.

That ground with its sweet dawn fragrance,
the ground that was theirs and ours – their blood – ah, the scent
    of that ground!
And now, how our vineyards have barred their gates!
How the light on the roofs and trees has dimmed!
Who is there to tell that half of them are under the earth,
the other half in irons?

Are those all the leaves you get when the sun bids you good
    morning?
Is that the only banner in the shining sky,
with these in irons and those beneath the earth?

Never mind. The bells will sound their names.
This land is theirs, this land is ours.
Under the earth, between their crossed hands,
they hold the bell-rope. They await the hour, they're not asleep,
they're waiting to announce the resurrection. That land
is theirs and ours: no one can take it from us.

V

Κάτσανε κάτου ἀπ' τὶς ἐλιὲς τὸ ἀπομεσήμερο
κοσκινίζοντας τὸ σταχτὶ φῶς μὲ τὰ χοντρά τους δάχτυλα
βγάλανε τὶς μπαλάσκες τους καὶ λογαριᾶζαν πόσος μόχτος
 χώρεσε στὸ μονοπάτι τῆς νύχτας
πόση πίκρα στὸν κόμπο τῆς ἀγριομολόχας
πόσο κουράγιο μὲς στὰ μάτια τοῦ ξυπόλυτου παιδιοῦ ποὺ
 κράταε τὴ σημαία.

Εἶχε ἀπομείνει πάρωρα στὸν κάμπο τὸ στερνὸ χελιδόνι
ζυγιαζόταν στὸν ἀέρα σὰ μία μαύρη λουρίδα στὸ μανίκι τοῦ
 φθινοπώρου.
Τίποτ' ἄλλο δὲν ἔμενε. Μονάχα κάπνιζαν ἀκόμα τὰ καμένα
 σπίτια.
Οἱ ἄλλοι μας ἄφησαν ἀπὸ καιρὸ κάτου ἀπ' τὶς πέτρες
μὲ τὸ σκισμένο τους πουκάμισο καὶ μὲ τὸν ὅρκο τους γραμμένο
 στὴν πεσμένη πόρτα.
Δὲν ἔκλαψε κανείς. Δὲν εἴχαμε καιρό. Μόνο ποὺ ἡ σιγαλιὰ
 μεγάλωνε πολὺ
κ' εἴταν τὸ φῶς συγυρισμένο κάτου στὸ γιαλὸ σὰν τὸ
 νοικοκυριὸ τῆς σκοτωμένης.

Τί θὰ γίνουν τώρα ὅταν θάρθει ἡ βροχὴ μὲς στὸ χῶμα μὲ τὰ
 σάπια πλατανόφυλλα
τί θὰ γίνουν ὅταν ὁ ἥλιος στεγνώσει στὸ χράμι τῆς συγνεφιᾶς
 σὰ σπασμένος κοριὸς στὸ χωριάτικο κρεββάτι
ὅταν σταθεῖ στὴν καμινάδα τοῦ ἀπόβραδου μπαλσαμωμένο τὸ
 λελέκι τοῦ χιονιοῦ;

Ρίχνουνε ἁλάτι οἱ γριὲς μανάδες στὴ φωτιά, ρίχνουνε χῶμα στὰ
 μαλλιά τους
ξερρίζωσαν τ' ἀμπέλια τῆς Μονοβασιᾶς μὴ καὶ γλυκάνει μαύρη
 ρώγα τῶν ἐχτρῶν τὸ στόμα,
βάλαν σ' ἕνα σακκούλι τῶν παππούδων τους τὰ κόκκαλα μαζὶ
 μὲ τὰ μαχαιροπήρουνα
καὶ τριγυρνᾶνε ἔξω ἀπ' τὰ τείχη τῆς πατρίδας τους ψάχνοντας
 τόπο νὰ ριζώσουνε στὴ νύχτα.

They sat under the olives in the afternoon
sifting the grey light with their thick fingers.
They took out their cartridge-belts and began to calculate how
 much trouble the night path was worth,
how much bitterness in the knot of the wild mallow,
how much courage in the eyes of the barefoot boy who carried
 the flag.

The last swallow had stayed beyond his time in the nest,
a swallow balancing in the air like a black stripe on the sleeve of
 Autumn.
Nothing more remained. Deserted, the burned houses still
 smoldered.
After some time the others left us under the rocks,
their shirts ripped and their oath written on the fallen house
 door.
No one wept. We didn't have time. Only the silence kept
 growing.
The light down on the beach was clear and clean, like the good
 housekeeping of a murdered woman.

What will become of them now when rainwater runs into the
 ground mixed with the rotten leaves of the plane-tree?
What will become of them when the sun dries up in a blanket of
 clouds
like a smashed stink-bug in a village bed,
and when the snow-stork stands embalmed on the chimney of
 dusk?

The old mothers throw salt on the fire, throw dirt on their hair.
They uprooted the Monemvasian grapevines lest the black grape
 sweeten the enemy's mouth.
They put their grandfathers' bones in a sack together with the
 family silver
and begin to wander out from their ancestral walls, seeking a
 place to take root in the night.

Θάναι δύσκολο τώρα νὰ βροῦμε μία γλῶσσα πιὸ τῆς κερασιᾶς,
λιγότερο δυνατή, λιγότερο πέτρινη –
τὰ χέρια ἐκεῖνα ποὺ ἀπομεῖναν στὰ χωράφια ἢ ἀπάνου στὰ
βουνὰ ἢ κάτου ἀπ᾿ τὴ θάλασσα, δὲν ξεχνᾶνε –
θάναι δύσκολο νὰ ξεχάσουμε τὰ χέρια τους
θάναι δύσκολο τὰ χέρια πούβγαλαν κάλους στὴ σκανδάλη νὰ
ρωτήσουν μία μαργαρίτα
νὰ ποῦν εὐχαριστῶ πάνου στὸ γόνατό τους, πάνου στὸ βιβλίο ἢ
μὲς στὸ μποῦστο τῆς ἀστροφεγγιᾶς.

Θὰ χρειαστεῖ καιρός. Καὶ πρέπει νὰ μιλήσουμε. Ὥσπου νὰ
βροῦν τὸ ψωμὶ καὶ τὸ δίκιο τους.

Δυὸ κουπιὰ καρφωμένα στὸν ἄμμο τὰ χαράματα μὲ τὴ
φουρτοῦνα. Ποῦναι ἡ βάρκα;
Ἕνα ἀλέτρι μπηγμένο στὸ χῶμα, κι ὁ ἀγέρας νὰ φυσάει. Καμένο
τὸ χῶμα. Ποῦναι ὁ ζευγολάτης;

Στάχτη ἡ ἐλιά, τ᾿ ἀμπέλι καὶ τὸ σπίτι.
Βραδιὰ σπαγγοραμμένη μὲ τ᾿ ἀστέρια της μὲς στὸ τσουράπι.

Δάφνη ξερὴ καὶ ρίγανη στὸ μεσοντούλαπο τοῦ τοίχου. Δὲν τ᾿
ἄγγιξε ἡ φωτιά.
Καπνισμένο τσουκάλι στὸ τζάκι - καὶ νὰ κοχλάζει μόνο τὸ νερὸ
στὸ κλειδωμένο σπίτι. Δὲν πρόφτασαν νὰ φᾶνε.

Ἀπάνω στὸ καμένο τους πορτόφυλλο οἱ φλέβες τοῦ δάσους –
τρέχει τὸ αἷμα μὲς στὶς φλέβες.
Καὶ νὰ τὸ βῆμα γνώριμο. Ποιὸς εἶναι;
Γνώριμο βῆμα μὲ τὶς πρόκες στὸν ἀνήφορο.
Τὸ σύρσιμο τῆς ρίζας μὲς στὴν πέτρα. Κάποιος ἔρχεται.
Τὸ σύνθημα, τὸ παρασύνθημα. Ἀδελφός. Καλησπέρα.

Now it's going to be hard for us to find a language with sweeter words, a language less strong, less stony –
those hands that stayed behind in the fields or up on the hill
or beneath the sea, they don't forget them.
It will be hard for us to forget their hands,
it will be hard to ask those trigger-calloused hands for a daisy,
or to say thanks on one's knees, or in a book, or in the bosom of a starry night.

It will need time. And we will need to speak. Until they find bread and justice.

Two oars stuck in the sand at dawn, and a storm – where's the boat?
A plow driven into the soil, and the wind starts to blow. The soil burnt. Where's the plowman?

Ashes the olive, the grapevine, the house.
A miserly evening with its stars in a sock.

Dried bay leaf and oregano in the wall cupboard. The fire didn't touch them.
A blackened pot in the fireplace – and only water to boil, in this locked house. They weren't here in time to eat
On their burnt door, veins of the forest – blood runs in those veins.

The familiar footstep! Who's there?
The familiar footstep, the click of nails on the uphill stride,
the creep of root into stone. Someone's coming.
The password. The response. A comrade. *Kalispera*, good evening.

Θὰ βρεῖ λοιπὸν τὸ φῶς τὰ δέντρα του, θὰ βρεῖ μία μέρα καὶ τὸ
    δέντρο τὸν καρπό του.
Τοῦ σκοτωμένου τὸ παγοῦρι ἔχει νερὸ καὶ φῶς ἀκόμα.
Καλησπέρα, ἀδερφέ μου. Καλησπέρα.

Στὴν ξύλινη παράγκα τῆς πουλάει μπαχαρικὰ καὶ ντεμισέδες ἡ
    γριὰ δύση.
Κανεὶς δὲν ἀγοράζει. Τράβηξαν ψηλά.
Δύσκολο πιὰ νὰ χαμηλώσουν.
Δύσκολο καὶ νὰ ποῦν τὸ μπόι τους.

Μέσα στ' ἁλῶνι ὅπου δειπνῆσαν μία νυχτιὰ τὰ παλληκάρια
μένουνε τὰ λιοκούκουτσα καὶ τὸ αἷμα τὸ ξερό του φεγγαριοῦ
κι ὁ δεκαπεντασύλλαβος ἀπ' τ' ἄρματά τους.
Μένουν ὁλόγυρα τὰ κυπαρίσσια κι ὁ δαφνῶνας.

Τὴν ἄλλη μέρα τὰ σπουργίτια φάγανε τὰ ψίχουλα τῆς κουρα-
    μάνας τους,
τὰ παιδιὰ φτιάξανε παιχνίδια μὲ τὰ σπίρτα τους ποὺ ἀνάψαν τὰ
    τσιγάρα τους καὶ τ' ἀγκάθια τῶν ἄστρων.

Κ' ἡ πέτρα ὅπου καθῆσαν κάτου ἀπ' τὶς ἐλιὲς τὸ ἀπομεσήμερο
    ἀντικρὺ στὴ θάλασσα αὔριο θὰ γίνει ἀσβέστης στὸ καμίνι
μεθαύριο θ' ἀσβεστώσουμε τὰ σπίτια μας καὶ τὸ πεζοῦλι τῆς
    Ἁγιὰ-Σωτῆρας
ἀντιμεθαύριο θὰ φυτέψουμε τὸ σπόρο ἐκεῖ ποὺ ἀποκοιμήθηκαν
κ' ἕνα μπουμποῦκι τῆς ροδιᾶς θὰ σκάσει πρῶτο γέλιο τοῦ
    μωροῦ στὸν κόρφο τῆς λιακάδας.

Κ' ὕστερα πιὰ θὰ κάτσουμε στὴν πέτρα νὰ διαβάσουμε ὅλη τὴν
    καρδιά τους
σὰ νὰ διαβάζουμε πρώτη φορὰ τὴν ἱστορία τοῦ κόσμου.

So the light will find its trees; the tree, too, will someday find its
     fruit.
In the fallen comrade's canteen there's still water, and light.
Kalispera, my brother. *Kalispera*.

In her wooden hut old lady Sundown is selling spices and
     French thread.
No one's buying; they've gone off to the heights.
It's hard to get down any more. It's even hard for them to tell
     their own height.

On the threshing floor where the lads dined for a night
the olive-pits remain along with the moon's dried blood
and the rhyming refrains of their weapons.
The cypresses and laurels remain in a circle.
Next day, the sparrows ate the crumbs of their biscuits.
The children made toys out of their matches that had lit their
     cigarettes and the spines of the stars.

And the stone on which they sat that afternoon under the olives
     facing the sea tomorrow will be made into lime in the kiln.
The next day, we'll whitewash the houses and the bench at Saint
     Sotira.
The day after that, we'll sow the seed where they were laid to rest
and a pomegranate sprout will break through, like an infant's
     first laugh,
on the sunbeam's bosom.

Later still, we'll sit on the rock and read their heart
as if reading, from the beginning, the history of the world.

VI

Ἔτσι μὲ τὸν ἥλιο κατάστηθα στὸ πέλαγο ποὺ ἀσβεστώνει τὴν
    ἀντικρυνὴ πλαγιὰ τῆς μέρας
λογαριάζεται διπλὰ καὶ τρίδιπλα τὸ μαντάλωμα καὶ τὸ βάσανο
    τῆς δίψας
λογαριάζεται ἀπ' τὴν ἀρχὴ ἡ παλιὰ λαβωματιὰ
κ' ἡ καρδιὰ ξεροψήνεται στὴν κάψα σὰν τὰ βατικιώτικα κρεμ-
    μύδια μπρὸς στὶς πόρτες.

Ὅσο πᾶνε τὰ χέρια τους μοιάζουνε πιότερο τὸ χῶμα
ὅσο πᾶνε τὰ μάτια τους μοιάζουνε πιότερο τὸν οὐρανό.

Ἀδείασε τὸ κιοῦπι μὲ τὸ λάδι. Λίγη μοῦργα στὸν πάτο. Κι ὁ
    ψόφιος ποντικός.
Ἀδείασε τὸ κουράγιο τῆς μάνας μαζὶ μὲ τὸ πήλινο κανάτι καὶ τὴ
    στέρνα.
Στυφίζουν τὰ οὖλα της ἐρμιᾶς ἀπ' τὸ μπαροῦτι.

Ποῦ λάδι τώρα πιὰ γιὰ τὸ καντῆλι τῆς Ἁγιὰ-Βαρβάρας
ποῦ δυόσμος πιὰ νὰ λιβανίσει τὸ μαλαματένιο κόνισμα τοῦ
    δειλινοῦ
ποῦ μία μπουκιὰ ψωμὶ γιὰ τὴ βραδιά-ζητιάνα νὰ σοῦ παίξει τὴν
    ἀστρομαντινάδα της στὴ λύρα.

Στὸ πάνου κάστρο τοῦ νησιοῦ στοιχειῶσαν οἱ φραγκοσυκιὲς καὶ
    τὰ σπερδούκλια.
Τὸ χῶμα ἀνασκαμμένο ἀπὸ τὸ κανονίδι καὶ τοὺς τάφους.
Τὸ γκρεμισμένο Διοικητήριο μπαλωμένο μὲ οὐρανό. Δὲν ἔχει
    πιὰ καθόλου τόπο
γιὰ ἄλλους νεκρούς. Δὲν ἔχει τόπο ἡ λύπη νὰ σταθεῖ νὰ πλέξει
    τὰ μαλλιά της.

Σπίτια καμένα ποὺ ἀγναντεύουν μὲ βγαλμένα μάτια τὸ μαρμα-
    ρωμένο πέλαγο
κ' οἱ σφαῖρες σφηνωμένες στὰ τειχιὰ
σὰν τὰ μαχαίρια στὰ παΐδια τοῦ Ἅγιου ποὺ τὸν δέσανε στὸ
    κυπαρίσσι.

So with the sun on the breast of the sea that whitewashes the
    opposite side of the day,
confinement and the torture of thirst are two times, three times
    considered.
From the first, the old wound is considered,
and the heart is broiled in that heat like the onions of Vatika
    outside the door.

The further they march on, the more their hands look like the
    earth.
The further they march on, the more their eyes look like the sky.

Empty is the jar of oil. Some dregs at the bottom. And a dead
    mouse.
Empty is the mother's courage, together with the clay pitcher
    and the cistern.
The gums of solitude have the bitter taste of gunpowder.

Where now can we find more oil for Saint Barbara's lamp?
Where can we find mint incense for the gilded icon of the after-
    noon?
Where can we find a mouthful of bread for the evening's beggar
    girl
to play for you on the lyre her couplets of a starry night?

Atop the island's hill fort the prickly pears and daffodils are
    spreading
on ground pitted with cannon rounds and graves.
The demolished army command post: patched with sky. There's
    no more place at all
for other dead. No place for grief to stand and braid her hair.

Burnt houses that survey with dug-out eyes the marble sea
and the bullets stuck in their walls
like knives in the ribs of the saint they tied to the cypress.

Ὅλη τὴ μέρα οἱ σκοτωμένοι λιάζονται ἀνάσκελα στὸν ἥλιο.
Καὶ μόνο σὰ βραδιάζει οἱ στρατιῶτες σέρνονται μὲ τὴν κοιλιὰ
    στὶς καπνισμένες πέτρες
ψάχνουν μὲ τὰ ρουθούνια τὸν ἀγέρα ἔξω ἀπ' τὸ θάνατο
ψάχνουνε τὰ παπούτσια τοῦ φεγγαριοῦ μασουλώντας ἕνα
    κομμάτι μεντζεσόλα
χτυπᾶν μὲ τὴ γροθιὰ τὸ βράχο μήπως τρέξει ὁ κόμπος τοῦ νεροῦ
μὰ ἀπ' τὴν ἄλλη μεριὰ ὁ τοῖχος εἶναι κούφιος
καὶ ξανακοῦν τὸ χτύπημα μὲ τοὺς πολλοὺς γύρους ποὺ κάνει ἡ
    ὀβίδα πέφτοντας στὴ θάλασσα
κι ἀκοῦν ἀκόμα μία φορὰ τὸ σκούξιμο τῶν λαβωμένων μπρὸς
    στὴν πύλη.
Ποῦ νὰ τραβήξεις; Σὲ φωνάζει ὁ ἀδερφός σου.

Χτισμένη ἡ νύχτα ὁλόγυρα ἀπ' τοὺς ἴσκιους ξένων καραβιῶν.
Κλεισμένοι οἱ δρόμοι ἀπ' τὰ ντουβάρια.
Μόνο γιὰ τὰ ψηλὰ εἶναι ἀκόμα δρόμος.
Κι αὐτοὶ μουντζώνουν τὰ καράβια καὶ δαγκώνουνε τὴ γλῶσσα
    τους
ν' ἀκούσουνε τὸν πόνο τους ποὺ δὲν ἔγινε κόκκαλο.

Ἀπάνω στὰ μεντένια οἱ σκοτωμένοι καπετάνιοι ὀρθοὶ φρουροῦν
    τὸ κάστρο.
Κάτου ἀπ' τὰ ροῦχα τους λυώνουν τὰ κρέατά τους. Ἔι, ἀδέρφι,
    δὲν ἀπόστασες;
Μπουμπούκιασε τὸ βόλι μέσα στὴν καρδιά σου
πέντε ζουμπούλια ξεμυτίσαν στὴ μασκάλη τοῦ ξερόβραχου,
ἀνάσα-ἀνάσα ἡ μοσκοβόλια λέει τὸ παραμύθι - δὲ θυμᾶσαι;
δοντιὰ-δοντιὰ ἡ λαβωματιά σου λέει τὴ ζωή,
τὸ χαμομῆλι φυτρωμένο μὲς στὴ λίγδα τοῦ νυχιοῦ σου στὸ
    μεγάλο δάχτυλο τοῦ ποδαριοῦ
σοῦ λέει τὴν ὀμορφιὰ τοῦ κόσμου.

All day the fallen lie on their backs exposed to the sun.
Only towards evening do the soldiers crawl on their bellies over blackened rocks,
hunting with their nostrils for air unspoiled by death,
hunting the moon's shoes as they chew a chunk of insole.
With their fist they pound the cliffside for the chance of a drop of water,
but the wall on the other side is hollow
and again they hear the firing of many rounds of shells that fall into the sea,
and once again they hear the screams of the wounded at the gate.
Where should you be off to? Your comrade is calling you!

The night shut in on all sides by the shadows of foreign warships.
The roads closed with barricades.
There remains only the path to the heights.
Our men give the warships the finger and bite their tongues
to give ear to their pain, the pain of flesh that's not yet dry bone.

Erect on the battlements, the slaughtered captains guard the fort.
Beneath their clothes their flesh dissolves. Hey, comrade, weren't you tired?
The bullet in your heart has sprouted:
five hyacinths have poked out from the dry rock's armpit.
The fragrance comes breath by breath, the story tells – don't you remember?
Your wound, bite by bite, tells the story of life.
The chamomile that sprouts from the dirt under the nail of your big toe
tells you of the world's beauty.

Πιάνεις τὸ χέρι. Εἶναι δικό σου. Νοτισμένο ἀπ' τὴν ἁρμύρα.
Δικιά σου ἡ θάλασσα. Σὰν ξερριζώνεις τρίχα ἀπ' τὸ κεφάλι τῆς
    σιωπῆς
στάζει πικρὸ τὸ γάλα τῆς συκιᾶς. Ὅπου καὶ νᾶσαι ὁ οὐρανὸς σὲ
    βλέπει.

Στρίβει στὰ δάχτυλά του ὁ ἀποσπερίτης τὴν ψυχή σου σὰν
    τσιγάρο
ἔτσι νὰ τὴ φουμάρεις τὴν ψυχή σου ἀνάσκελα
βρέχοντας τὸ ζερβί σου χέρι μὲς στὴν ξαστεριὰ
καὶ στὸ δεξί σου κολλημένο τὸ ντουφέκι-ἀρραβωνιαστικιά σου
νὰ θυμηθεῖς πὼς ὁ οὐρανὸς ποτέ του δὲ σὲ ξέχασε
ὅταν θὰ βγάζεις ἀπ' τὴ μέσα τσέπη τὸ παλιό του γράμμα
καὶ ξεδιπλώνοντας μὲ δάχτυλα καμένα τὸ φεγγάρι θὰ διαβάζεις
    λεβεντιὰ καὶ δόξα.

Ὕστερα θ' ἀνεβεῖς στὸ ψηλὸ καραοῦλι τοῦ νησιοῦ σου
καὶ βάζοντας καψοῦλι τὸ ἄστρο θὰ τραβήξεις μία στὸν ἀέρα
πάνου ἀπὸ τὰ τειχιὰ καὶ τὰ κατάρτια
πάνου ἀπὸ τὰ βουνὰ ποὺ σκύβουν σὰ φαντάροι πληγωμένοι
ἔτσι μόνο καὶ μόνο νὰ χουγιάξεις τὰ στοιχειὰ καὶ νὰ τρυπώσουν
    στὴν κουβέρτα τοῦ ἴσκιου –
θὰ ρίξεις μίαν ἴσα στὸν κόρφο τ' οὐρανοῦ νὰ βρεῖς τὸ γαλανὸ
    σημάδι
σάμπως νὰ βρίσκεις πάνου ἀπ' τὸ πουκάμισο τὴ ρώγα τῆς
    γυναίκας ποὺ αὔριο θὰ βυζαίνει τὸ παιδί σου
σάμπως νὰ βρίσκεις ὕστερ' ἀπὸ χρόνια τὸ χεροῦλι τῆς
    ἐξώπορτας τοῦ πατρικοῦ σπιτιοῦ σου.

You clasp the hand. It's your own, damp with brine.
The sea is yours. As you tear hair from the head of silence
the fig tree's milk drips bitter. The heavens see you, wherever
    you may be.

The evening star rolls your soul in its fingers like a cigarette
so that, on your back, you may smoke your soul
dipping your left hand into the starry night
while, with your rifle – your betrothed – glued to your right
    hand,
you remember that heaven never forgot you,
whenever you'll take from that inside pocket its old letter
and, unfolding the moonbeam with burnt fingers, read of
    heroism, and glory.

Later you'll ascend to the high guard-post of your island
and, using the star as a fuse, you'll fire one round into the air
over the rooftops and the masts,
over the hilltops that duck like foot-soldiers under fire,
and for this and this alone: to rout out the demons, to send them
    diving for the cover of shade –
you'll fire as good a round into the bosom of the sky, to find the
    blue patch
as if you were to find upon your shirt the nipple of the woman
    who'll be nursing your child tomorrow,
as if you were to find, years later, the doorlatch of your ancestral
    home.

VII

Τὸ σπίτι, ὁ δρόμος, ἡ φραγκοσυκιά, τὰ φλούδια τοῦ ἥλιου στὴν
   αὐλὴ ποὺ τὰ τσιμπολογᾶν οἱ κόττες.
Τὰ ξέρουμε, μᾶς ξέρουνε. Δῶ χάμου ἀνάμεσα στὰ βάτα
ἔχει ἡ δεντρογαλιὰ παρατημένο τὸ κίτρινο πουκάμισό της.
Δῶ χάμου εἶναι ἡ καλύβα τοῦ μερμηγκιοῦ κι ὁ πύργος τῆς
   σφήγκας μὲ τὶς πολλὲς πολεμίστρες,
στὴν ἴδια ἐλιὰ τὸ τσόφλι τοῦ περσινοῦ τζίτζικα κ' ἡ φωνὴ τοῦ
   φετεινοῦ τζίτζικα,
στὰ σκοῖνα ὁ ἴσκιος σου ποὺ σὲ παίρνει ἀπὸ πίσω σὰ σκυλὶ
   ἀμίλητο, πολὺ βασανισμένο,
πιστὸ σκυλὶ – τὰ μεσημέρια κάθεται δίπλα στὸ χωματένιον ὕπνο
   σου μυρίζοντας τὶς πικροδάφνες
τὰ βράδια κουλουριάζεται στὰ πόδια σου κοιτάζοντας ἕνα
   ἄστρο.

Εἶναι μία σιγαλιὰ ἀπὸ ἀχλάδια ποὺ μεγαλώνουνε στὰ σκέλια
   τοῦ καλοκαιριοῦ
μία νύστα ἀπὸ νερὸ ποὺ χαζεύει στὶς ῥίζες τῆς χαρουπιᾶς –
ἡ ἄνοιξη ἔχει τρία ὀρφανὰ κοιμισμένα στὴν ποδιά της
ἕναν ἀϊτὸ μισοπεθαμένο στὰ μάτια της
καὶ κεῖ ψηλὰ πίσω ἀπὸ τὸ πευκόδασο
στεγνώνει τὸ ξωκκλήσι τοῦ Ἅη-Γιαννιοῦ τοῦ Νηστευτῆ
σὰν ἄσπρη κουτσουλιὰ τοῦ σπουργιτιοῦ σ' ἕνα πλατὺ φύλλο
   μουριᾶς ποὺ τὴν ξεραίνει ἡ κάψα.

Ἐτοῦτος ὁ τσοπάνος τυλιγμένος τὴν προβιά του
ἔχει σὲ κάθε τρίχα τοῦ κορμιοῦ ἕνα στεγνὸ ποτάμι
ἔχει ἕνα δάσος βελανιδιὲς σὲ κάθε τρῦπα τῆς φλογέρας του
καὶ τὸ ραβδί του ἔχει τοὺς ἴδιους ῥόζους μὲ τὸ κουπὶ ποὺ πρωτο-
   χτύπησε τὸ γαλάζιο τοῦ Ἑλλήσποντου.

Δὲ χρειάζεται νὰ θυμηθεῖς. Ἡ φλέβα τοῦ πλάτανου
ἔχει τὸ αἷμα σου. Καὶ τὸ σπερδοῦκλι τοῦ νησιοῦ κ' ἡ κάπαρη.
Τὸ ἀμίλητο πηγάδι ἀνεβάζει στὸ καταμεσήμερο
μία στρογγυλὴ φωνὴ ἀπὸ μαῦρο γυαλὶ κι ἀπὸ ἄσπρο ἄνεμο
στρογγυλὴ σὰν τὰ παλιὰ πιθάρια – ἡ ἴδια πανάρχαιη φωνή,
κι ὁ οὐρανὸς ξεπλένει μὲ λουλάκι τὰ λιθάρια καὶ τὰ μάτια μας.

The house, the road, the prickly pear cactus, peelings of the sun
    in the courtyard for the hens to peck.
Those things we know, and they know us. Down here in the
    bushes
the adder has left her pale mantle.
Down here is the ant's hut and the wasp's tower with its many
    ramparts,
the shell of last year's cicada and the voice of this year's cicada on
    the same olive tree.
Amid the rushes, your shadow that takes after you like a silent,
    much-tormented dog,
a faithful dog – afternoons it sits beside your earthen sleep and
    sniffs the oleanders;
evenings it snuggles up to your feet and gazes at a star.

There's a silence from the pears as they fatten on the hind legs of
    summer,
a drowsiness from water as it trickles into the roots of the carob-
    bean tree –
Lady Spring has three orphans sleeping in her apron,
and in her eyes an eagle half-dead,
and there high up behind the pine forest
the country chapel of Saint John the Abstainer is drying up
like white sparrow-droppings on a flat, parched mulberry leaf.

The shepherd you see wrapped in his sheepskin
has in each hair on his body a dry river,
has an oak forest in each hole on his flute,
and his staff has the same knots as the oar that first struck
the Hellespont's azure swell.

You don't have to remember. The plane tree's vein
has your blood. So does the island's daffodil, so does the caper.
The silent well sends up at high noon
the full round voice of black glass and white wind,
full and round like the ancient jars – that same primeval voice.
And the sky washes the stones and our eyes with indigo.

Κάθε νύχτα τὸ φεγγάρι ἀναποδογυρίζει τοὺς σκοτωμένους
ψάχνει τὰ πρόσωπά τους μὲ παγωμένα δάχτυλα νὰ βρεῖ τὸ γιό
    του
ἀπ' τὴν κοψιὰ τοῦ σαγονιοῦ κι ἀπ' τὰ πέτρινα φρύδια,
ψάχνει τὶς τσέπες τους. Πάντα κάτι θὰ βρεῖ. Κάτι βρίσκουμε.
Ἕνα κλειδί, ἕνα γράμμα, ἕνα ρολόι σταματημένο στὶς ἑφτά.
Κουρντίζουμε πάλι τὸ ρολόι. Περπατᾶνε οἱ ὧρες.

Ὅταν μεθαύριο λυώσουνε τὰ ροῦχα τους καὶ μείνουνε γυμνοὶ
    ἀνάμεσα στὰ στρατιωτικὰ κουμπιά τους
ἔτσι ποὺ μένουν τὰ κομμάτια τ' οὐρανοῦ ἀνάμεσα ἀπὸ τὰ καλο-
    καιριάτικα ἄστρα
τότε μπορεῖ νὰ βροῦμε τ' ὄνομά τους καὶ μπορεῖ νὰ τὸ φωνά-
    ξουμε: ἀγαπῶ.
Τότε. Μὰ πάλι αὐτὰ τὰ πράγματα εἶναι λιγάκι σὰν πολὺ μακρινά.
Εἶναι λιγάκι σὰν πολὺ κοντινά, σὰν ὅταν πιάνεις στὸ σκοτάδι
ἕνα χέρι καὶ λὲς καλησπέρα
μὲ τὴν πικρὴ καλογνωμιὰ τοῦ ξενητεμένου ὅταν γυρνάει στὸ
    πατρικό του
καὶ δὲν τὸν γνωρίζουνε μήτε οἱ δικοί του, γιατὶ αὐτὸς ἔχει
    γνωρίσει τὸ θάνατο

κ' ἔχει γνωρίσει τὴ ζωὴ πρὶν ἀπ' τὴ ζωὴ καὶ πάνου ἀπὸ τὸ
    θάνατο
καὶ τοὺς γνωρίζει. Δὲν πικραίνεται. Αὔριο, λέει. Κ' εἶναι
    σίγουρος
πῶς ὁ δρόμος ὁ πιὸ μακρινὸς εἶναι ὁ πιὸ κοντινὸς στὴν καρδιὰ
τοῦ Θεοῦ.

Every night the moon turns the fallen over,
searches their faces with frozen fingers to find its son
in the cut of the chin, in the eyebrows of stone.
It searches their pockets. It will always find something. We find something.
A little reliquary of the true cross. A mangled cigarette.
A key, a letter. A watch, stopped at seven. We wind the watch again: the hours go on.

Day after tomorrow, when their clothing dissolves and they're left naked amid
their military buttons,
the way pieces of sky are left amid summer's stars
the way the river is still seen amid the oleanders
the way the path runs amid the lemon trees at the onset of Spring
then we may be able to find their names and to cry, 'My love!'
Then. But again, for now, those things are a bit too far off
– or a bit too close, as when you clasp a hand in the dark and say good evening, *kalispera*,
with the bitter politeness of the expatriate when he returns to his ancestral home,
and they don't know him, not even his own people, because he has known death
and has known life before life and life above and beyond death,
and he knows *them*. He's not bitter. Tomorrow, he says. And he's certain
that the farthest path is the nearest to the heart of God.

Καὶ τὴν ὥρα ποὺ τὸ φεγγάρι τὸν φιλάει στὸ λαιμὸ μὲ κάποια
    στεναχώρια,
τὰ φύκια, ἡ γλάστρα, τὸ σκαμνὶ κ' ἡ πέτρινη ἀνεμόσκαλα τοῦ
    λένε καλησπέρα
καὶ τὰ βουνὰ κ' οἱ θάλασσες κ' οἱ πολιτεῖες κι ὁ οὐρανὸς τοῦ
    λένε καλησπέρα
καὶ τότε πιὰ τινάζοντας τὴ στάχτη τοῦ τσιγάρου του ἀπ' τοῦ
    μπαλκονιοῦ τὰ κάγκελα
μπορεῖ νὰ κλάψει ἀπὸ τὴ σιγουριά του
μπορεῖ νὰ κλάψει ἀπὸ τὴ σιγουριὰ τῶν δέντρων καὶ τῶν ἄστρων
    καὶ τῶν ἀδελφῶν του.

And there's that moment when the moon, in a sort of anguish,
    throws itself on his neck in a kiss,
and the dried seaweed, the flower-pot, the stool, the stone steps
    tell him *kalispera*,
and the mountains and seas and countries and sky tell him
    kalispera
– that's when, shaking the ash of his cigarette from the balcony
    rail, he can weep from his certainty,
he can weep from certainty of the trees, and the stars, and his
    comrades.

Athens 1945-47

Translated by Bill Berg 2013